山西体育文化丛书

风华满三晋
——山西全民健身掠影

《山西体育文化丛书》编委会 编

山西出版传媒集团
山西人民出版社

图书在版编目（CIP）数据

风华满三晋：山西全民健身掠影 /《山西体育文化丛书》编委会编. -- 太原：山西人民出版社，2019.8
（山西体育文化丛书）
ISBN 978-7-203-10995-2

Ⅰ. ①风… Ⅱ. ①山… Ⅲ. ①运动会－山西－摄影集 Ⅳ. ①G812.225-64

中国版本图书馆CIP数据核字(2019)第145763号

风华满三晋：山西全民健身掠影

编　　者：《山西体育文化丛书》编委会
责任编辑：张慧兵
复　　审：李　颖
终　　审：姚　军
装帧设计：基因印刷

出 版 者：山西出版传媒集团·山西人民出版社
地　　址：太原市建设南路21号
邮　　编：030012
发行营销：0351-4922220　4955996　4956039　4922127（传真）
天猫官网：https://sxrmcbs.tmall.com　电话：0351-4922159
E－mail：sxskcb@163.com　发行部
　　　　　sxskcb@126.com　总编室
网　　址：www.sxskcb.com

经 销 者：山西出版传媒集团·山西人民出版社
承 印 厂：山西新华广告有限公司

开　　本：787mm×1092mm　　1/16
印　　张：11.25
字　　数：160千字
印　　数：1—3000册
版　　次：2019年8月　第1版
印　　次：2019年8月　第1次印刷
书　　号：ISBN 978-7-203-10995-2
定　　价：120.00元

如有印装质量问题请与本社联系调换

《山西体育文化丛书》编委会

主 任 赵晓春　苏亚君
副主任 袁乃平　田麦久　杜学文　李俊温　高　波
委　员（以姓氏笔画为序）
　　　　王　福　石　岩　田文波　田麦久　杜　荣　杜学文
　　　　苏亚君　李俊温　李润民　张卫平　张文智　张锐锋
　　　　武锐强　周文杰　赵晓春　侯　冰　袁乃平　高　波
　　　　程中平

《山西体育文化丛书》出版委员会

主 任 胡彦威
副主任 姚　军　梁晋华
委　员 武　静　高　雷　蔡咏卉　赵晓丽　张慧兵
　　　　席　青　郭向南

《风华满三晋——山西全民健身掠影》编委会

主　编　张文智
委　员　（以姓氏笔画为序）
　　　　尹永京　　白晓强　　苏　慧

欣逢盛会谱华章

—— 《山西省体育文化丛书》代序

山西省体育局为庆祝中华人民共和国成立70周年，喜迎二青盛会，而精心编撰的《山西体育文化丛书》即将付梓，编辑同志约我作序，我欣然应命。

翻阅厚厚的6册书稿，品读一篇篇情真意切的心血之作，数十年体育历程一时翻腾在脑海之中。

2019年是中华人民共和国成立70周年。就山西体育而言，2019年同样值得骄傲和铭记。这一年，山西体育发生和即将发生诸多大事，其中最让人难忘的是二青会的承办。在共和国成立70周年这个大背景的铺陈下，承办这样一届综合性运动会，既是山西体育界的一大盛事，也是山西人民为国庆70周年奉献的最好礼物。同样，值此时刻，这套锦上添花的系列丛书，也会极自然地被读者看作山西体育人馈赠二青会的珍贵礼物。

众所周知，本届青运会是中华人民共和国成立以来山西承办的规模最大、参与人数最多的体育活动。在体育领域，放眼国内外，本届青运会的项目设置、参赛人数、时间跨度以及各项活动的多元性也是前所未有、首屈一指的。

当下，二青会的筹备工作已进入决胜阶段，纷繁冗杂的事务相互交织，千头万绪。组委会同志任劳任怨，不遑启处，而我们体育部门的同志又恰恰置身筹备团队的第一方阵。从动议到付梓，丛书出版只有短短3个月时间，按常理，几乎是一个"不可能完成的任务"，但居然完成了。行文至此，我想到我们二青会的筹备工作又何尝不是如此！

在围绕二青会展开的一系列相关活动中，这套丛书的出版是一件极具文化意义和学术价值的事情。当然，囿于时间、经验等方面的局限，加之一些现实原因，丛书在若干细节上还有值得商榷和需要改进的地方。具体到每一篇文章，谋篇布局未必讲究，遣词造句还不尽细腻。尽管如此，体育人的豪迈、赤诚仍跃然纸上。

丛书共6册，分别为《初心与使命——新中国山西体育70年70人》《后二青会时代的体育与城市发展》《三晋体育诗赞》《新声：三晋体育文化大讲堂撷英》《众说：我们的青运会》《风华满三晋——山西全民健身掠影》。

《初心与使命——新中国山西体育70年70人》抒写了山西70位功勋卓著的体育工作者的奋进和情怀。之所以择定70人，我想是为了契合共和国成立70周年这个时间节点。事实上，山西体育在70年的发展历程中，无数同志筚路蓝缕，接续奋斗，为山西体育做了大量工作，这70位同志，只是众多优秀体育人的代表。他们个人的奋斗历程，置于山西体育70年的辉煌史中，其实是一个个铿锵的足印。

《后二青会时代的体育与城市发展》应时应势收录了34篇论文。如果以时间为序把二青会划为三个单元，可以发现筹备期不长，比赛期更短，而赛后乃至未来才是一个较长的时段。二青会结束后，山西体育、山西经济社会如何发展，50多位论文作者未雨绸缪、见仁见智，以二青会的举办为背景和发端，从不同视野和角度为山西社会的未来发展提出了建议，勾画了蓝图。

如果说《后二青会时代的体育与城市发展》一书是围绕一个较为明晰的既定课题结集成书，那么，《新声：三晋体育文化大讲堂撷英》的主旨就较为宽泛了。近年来，山西省体育局高度重视体育文化建设。两年时间，约请了十余位在体育界及相关领域具有较深学术造诣的专家学者来为山西体育传道授业，指点迷津。此书集成了诸位学人在山西的讲座内容。相信它的面世，必将为山西的体育文化建设提供值得期许的助推。

《三晋体育诗赞》收录诗、词 101 首。作者是十余位德高望重的老一辈体育工作者，他们饱含对山西体育的殷殷期盼和深深祝福，以浓墨重彩的笔触为山西体育摇旗呐喊，击节助威，可以说篇篇锦绣，字字珠玑。

《众说：我们的青运会》呈现的是 50 位不同身份、不同职业、不同经历，在二青会筹备和举办过程中承担不同工作的平凡人士。他们就是我们身边"熟悉的陌生人"。他们对二青会的诠释就是我们对二青会的解读，他们对二青会的向往就是我们对二青会的期冀，他们对二青会的感怀就是我们对二青会的祝福。二青会之于他们价值诉求、人生轨迹的作用与改变，帮助我们从不同层面对二青会有了全新的认知。

《风华满三晋——山西全民健身掠影》是 6 册书中唯一一本画册，图文并茂，印制精美，通过大量生动写实的图片向读者展示了山西人民精彩的"体育人生"。习近平总书记指出："没有全民健康，就没有全面小康。"当下中国，大众健康已上升至实现民族复兴、增进人民福祉的国家战略层面；今日山西，群众的健身自觉已然形成，健身热情空前高涨。该书正是山西人民向往健康、投身健身的真实写照。

"上马击狂胡，下马草军书。"在挥汗如雨筹备二青会的关键时期，在戎马倥偬的非常时段，大家能争分夺秒完成丛书出版，我作此序，权作致敬、致谢——感谢这套丛书全景式展现了山西体育的奋斗历程和建设成就。

最后,希望读者看完丛书后,还愿意什袭典藏。是为序。

山西省体育局局长、党组书记

2019年7月13日

序

在第二届全国青年运动会开幕前夕，由山西省体育局编印的《风华满三晋——山西全民健身掠影》画册出版面世，以图文结合的方式展现近年来山西省全民健身事业的发展成果，让全社会进一步感受体育活动的魅力与精彩，激发广大群众参与全民健身的热情，推动全社会关注、关心全民健身事业，广泛开展全民健身活动，服务"健康山西"建设。

该画册由群众体育工作的"六边工程"，即"健全群众身边的体育健身组织""建设群众身边的体育健身设施""丰富群众身边的体育健身活动""支持群众身边的体育健身赛事""加强群众身边的体育健身指导""弘扬群众身边的体育健身文化"6个部分组成。其中"健全群众身边的体育健身组织"，介绍了法人登记的体育社团、体育俱乐部，活跃在群众身边的全民健身活动站点、社会体育指导员等群众体育组织网络作用发挥情况；"建设群众身边的体育健身设施"，介绍了农民体育健身工程、健身步道、体育公园、移民新村、体育场馆等体育设施建设情况；"丰富群众身边的体育健身活动"，介绍了以"强健体魄·阳光生活·共享青运"为主题、围绕重要时间节点全省蓬勃开展的全民健身活动；"支持群众身边的体育健身赛事"，介绍了以"马拉松、自行车、冰雪、足球"等项目为龙头，打造了一批具有地域特色和行业特点的全民健身品牌赛事活动；"加强群众身边的体育健身指导"，介绍了社会体育指导员在全民健身活动中的组织与指导作用，各地开展的体质监测、技能培训、健身讲堂以及与卫健部门的合作；

"弘扬群众身边的体育健身文化",介绍了包括支持主流媒体组织"山西体坛风云"评选、举办首届中国·太原体育电影展以及山西省体育博物馆。

近年来,山西省全民健身事业在省委、省政府的坚强领导下,在国家体育总局的大力指导和支持下,围绕"一个中心"(以人民为中心),强化"两大理念"(创新发展、融合发展),实现"三个指标"(人均体育场地1.8平方米,经常参加体育锻炼人口达到1100万,体育产业总规模超过320亿元),重点推进"四个项目"(自行车、马拉松、冰雪、足球),依托"五个助力"(资金、人才、科技、二青会、三级联创),以"六边工程"为工作内容,大力推进"体育+"发展模式,促进全民健身与全民健康深度融合。各级政府的公共体育服务水平进一步加强,城乡群众健身意识日益增强,全民健身公共服务体系不断完善,全民健身工作取得新成果。继2012年山西省28200个行政村实现体育场地设施全覆盖后,2019年即将实现全省移民新村体育场所全覆盖,全省人均体育场地面积近1.8平方米;全省登记注册的体育社会组织1819个,社会体育指导员7万余名;群众体育活动蓬勃开展,群众体育品牌赛事日益增多;体育健身指导逐步扩大;全民健身氛围浓郁。

希望凭借此书引起人们对于体育锻炼的兴趣,掌握一项体育技能,形成锻炼习惯,成为生活方式,使全民健身活动在三晋大地蔚然成风。全民健身,你我同行;强健体魄,积极生活;让我们积极行动起来,一起去领略体育的魅力吧!

苏亚君
2019年7月

目 录

1 健全群众身边的体育健身组织　　7

2 建设群众身边的体育健身设施　　31

3 丰富群众身边的体育健身活动　　77

4 支持群众身边的体育健身赛事　　107

5 加强群众身边的体育健身指导　　133

6 弘扬群众身边的体育健身文化　　151

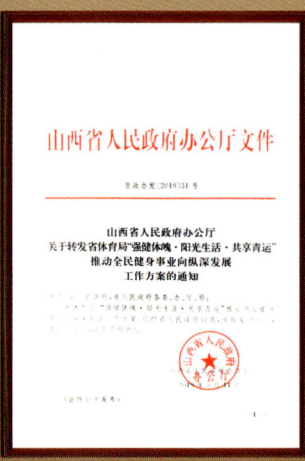

中共太原市委办公室文件

并办发〔2019〕7号

中共太原市委办公室
太原市人民政府办公厅
关于印发《太原市创建全民运动健身模范市
工作规划》和《太原市创建全民运动
健身模范市实施方案》的通知

各县(市、区)委、人民政府,市委各部委(工委)、市直各委、局、办,各人民团体,各有关单位:
经市委、市政府同意,现将《太原市创建全民运动健身模范市工作规划》和《太原市创建全民运动健身模范市实施方

— 1 —

大同市人民政府办公厅文件

同政办发〔2018〕154号

大同市人民政府办公厅
关于印发《大同市创建全民运动健身
模范市实施方案》的通知

各县(区)人民政府,市直各委、局、办:
现将《大同市创建全民运动健身模范市实施方案》印发给你们,请认真组织实施。

大同市人民政府办公厅
2018年10月10日

— 1 —

长治市人民政府办公厅文件

长政办发〔2018〕79号

长治市人民政府办公厅
关于印发长治市创建全民运动健身模范市
工作实施方案的通知

各县、市、区人民政府,高新区管委会,市直各有关单位:
《长治市创建全民运动健身模范市工作实施方案》已经市人民政府同意,现印发给你们,请认真贯彻执行。

长治市人民政府办公厅
2018年9月26日

— 1 —

山西省省长楼阳生等领导参加健步走活动

山西省副省长张复明等领导参加"强健体魄·阳光生活·共享青运"全民健身健步走暨骑行活动

健全群众身边的体育健身组织

省、市、县强化"3+X"（体育总会、社会体育指导员协会、老年人体育协会＋单项体育协会、体育俱乐部）模式，充分发挥体育总会的核心作用和社会体育指导员协会、老年人体育协会的桥梁和纽带作用，带动各级各类单项、行业、人群体育组织开展全民健身活动；加强社会体育指导员队伍建设，发挥社会体育指导员在全民健身活动中的组织与指导作用，与健身站点、健身团队等基层体育社会组织的建设统筹推进；加大政府购买体育公共服务力度，支持体育社会组织承接竞赛活动、健身指导、体育培训等公共服务事项。

2019年4月,山西省体育局局长、党组书记赵晓春为"一起健康,共迎青运"山西省首届最美社会体育指导员电视大赛"最美社会体育指导员"获得者王永萍(晋中)颁奖

"一起健康，共迎青运"山西省首届最美社会体育指导员电视大赛

吕梁市柔力球组织（郭改平 摄）

14 | 风华满三晋——山西全民健身掠影

1 | 3
2

❶ 大同市晨练点一角
❷ 晋中市体育健身组织积极开展全民健身活动
❸ 2018年成立的临汾市自行车协会，规范和推动了临汾市自行车运动的发展（张莹超　摄）

2016年一级社会体育指导员技术等级培训

2017年一线社会体育指导员技能再提升（广场舞）培训

1 | 3
2

❶ 柔力球发明人白榕为一线社会体育指导员做示范
❷ 2018 山西省国家级社会体育指导员培训
❸ 社会体育指导员培训习练柔力球

临汾市杨氏太极拳协会义务教市民们练拳（张莹超　摄）

阳泉市一级社会体育指导员闫瑞老师在进行健身气功辅导

临汾市优秀社会体育指导员李曼辅导群众训练学习中（张莹超 摄）

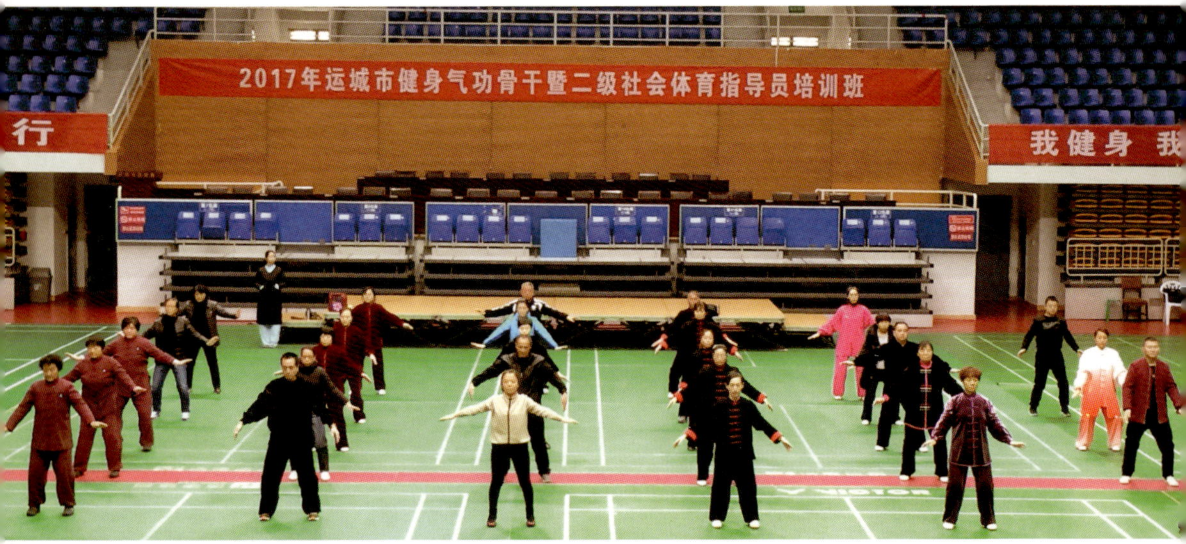
2017年运城市健身气功骨干暨二级社会体育指导员培训班
行
我健身 我

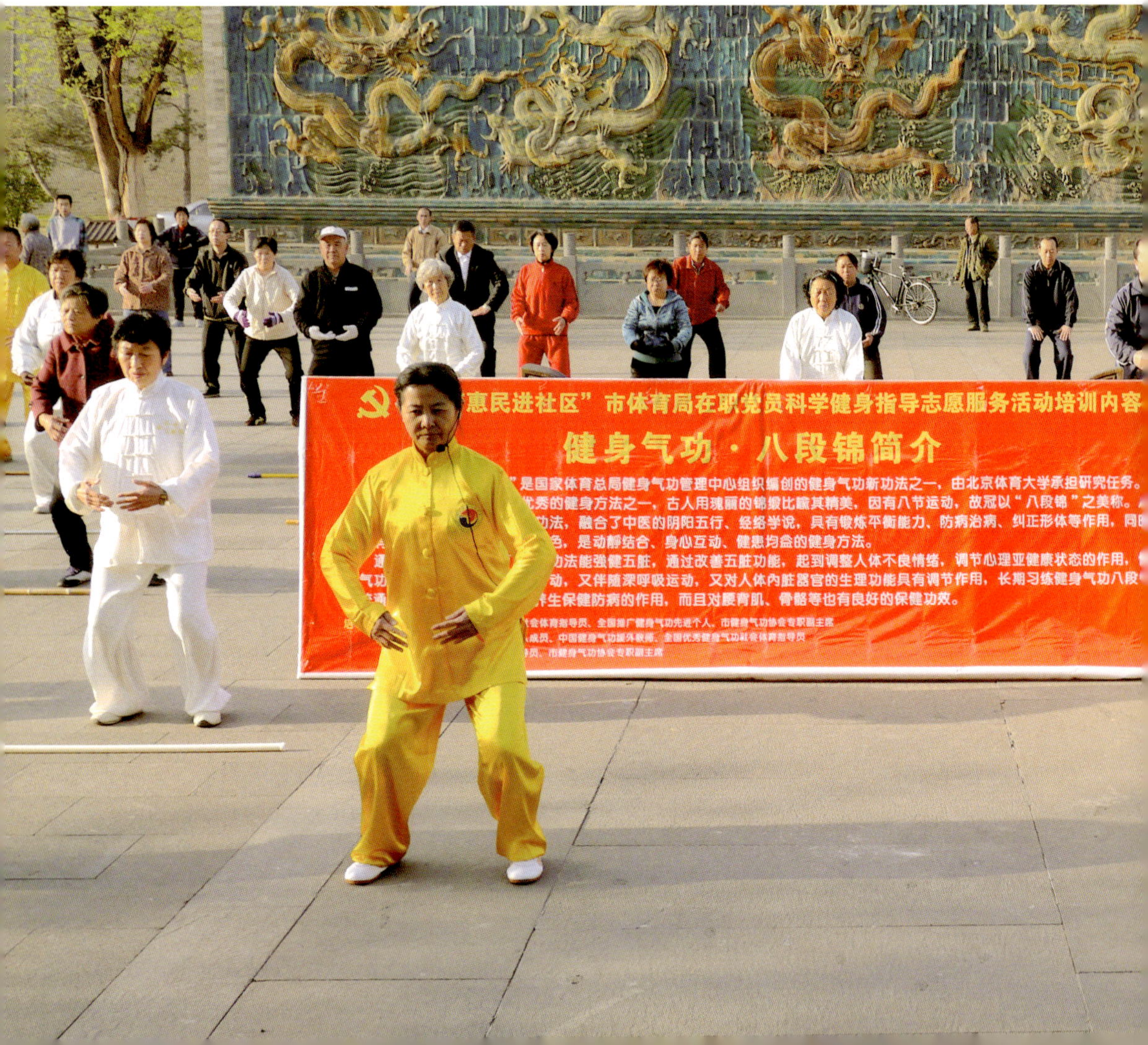
惠民进社区”市体育局在职党员科学健身指导志愿服务活动培训内容
健身气功·八段锦简介
是国家体育总局健身气功管理中心组织编创的健身气功新功法之一，由北京体育大学承担研究任务。
优秀的健身方法之一，古人用瑰丽的锦缎比喻其精美，因有八节运动，故冠以“八段锦”之美称。
功法，融合了中医的阴阳五行、经络学说，具有锻炼平衡能力、防病治病、纠正形体等作用，
是动静结合、身心互动、健患均益的健身方法。
功法能强健五脏，通过改善五脏功能，起到调整人体不良情绪，调节心理亚健康状态的作用，
动，又伴随深呼吸运动，又对人体内脏器官的生理功能具有调节作用，长期习练健身气功八段
养生保健防病的作用，而且对腰背肌、骨骼等也有良好的保健功效。

1 | 2
3

❶ 2017年运城市健身气功骨干暨二级社会体育指导员培训

❷ 大同市体育项目推广公益培训

❸ "体育惠民进社区"科学健身指导志愿服务（大同市体育局 供图）

2017年忻州市康健游泳俱乐部参加全民游泳健身周活动

在 2019 年春季全民健身启动仪式上，太原市骑游协会进行骑行宣传

"强健体魄·阳光生活·共享青运"长治市 2018 年网球团体等级赛

建设群众身边的体育健身设施

推进公共体育设施项目建设，解决人民群众"去哪健身"的短板。以中央集中彩票公益金、国家发改委资金项目为引导，加大省、市、县政府投入；注重大型体育场馆综合利用，使大型场馆设施惠及百姓健身；推动全省公共体育设施建设向纵深发展，建设体育与旅游、康养、休闲、商业等体育服务综合体；激发社会力量投资公共体育设施建设，倡导市场资源推进健身产业服务。

北岳机场基础设施建筑物

山西省大同航空运动学校空中机场鸟瞰图

场地建在农民身边　体育走进千家万户

2012年全省28200个行政村实现农民体育健身场地设施"全覆盖"

大同市体育中心

广灵县体育场

灵丘县健身步道

大同市云州区火山群国家地质公园（大同市体育局　供图）

云州体育场

❶ 太原市水上运动中心
❷ 太原市清徐县文体中心
❸ 太原市滨河体育中心

建设群众身边的体育健身设施

太原市小店区太航社区文体广场

太原市万柏林区体育场全景

1 | 2
  | 3

❶ 吕梁市游泳馆
❷ 代县体育馆
❸ 忻州全民健身中心

建设群众身边的体育健身设施 | 53

孝义市体育馆（乔俊章　摄）

改造完成后的晋中市体育馆,用于二青会手球比赛场馆

榆社县雪炭工程体育馆

和顺体育馆

阳泉市郊区桃林沟村喜来居移民新村体育设施

阳泉市开发区大华社区健身中心

长治市老顶山登山健身步道

武乡县韩北乡韩北村移民新区体育设施

晋城市体育场

高平市体育场

1 | 3
2

❶ 高平市北诗镇北诗健身广场
❷ 体育公园健身路径器材一角（运城市体育局 供图）
❸ 临汾市射击飞碟靶场（张莹超 摄）

临汾市翼城县奥体中心

临汾市蒲县奥体中心夜景

临汾市翼城县奥体中心体育场

运城市体育馆

丰富群众身边的体育健身活动

广泛开展"强健体魄·阳光生活·共享青运"为主题的全民健身系列活动,全省围绕元旦、春节、6·10毛主席题词纪念日、全民健身日等传统佳节和时间节点,广泛组织全民健身系列活动;全面推动老年人、农民、妇女、职工、学生等开展全民健身活动,培养良好健身习惯,形成文明生活方式,营造浓郁全民健身氛围;以马拉松、自行车、冰雪、足球等四大项目为龙头,带动全民健身活动深入、持久、广泛开展。

2019年山西省迎新年登高主会场活动在永济鹳雀楼举行

山西省体育局同运城市人民政府签订战略合作协议

2019年山西省"体彩杯"迎新年登高主会场活动

晋中市全民健身大拜年（张慧琼 摄）

84 | 风华满三晋——山西全民健身掠影

| 1 | 3 |
| 2 | |

❶ 晋城市2018年全民健身大拜年活动

❷ "强健体魄·阳光生活·共享青运"2018年山西省群众迎新年冬泳活动入水仪式

❸ 太原市龙潭公园第六届元宵文化节空竹项目展示

朔州市朔城区"喜迎二青会"全民健身系列活动金沙园健身队比赛现场

2019年青运惠民 太原市全民健身社区行系列活动，太原市毽球协会中华功夫毽表演

风华满三晋——山西全民健身掠影

"迎二青会倒计时30天"全民健身项目展示嘉年华活动

"强健体魄·阳光生活·共享青运" 晋城市 2018 全民健身日启动仪式暨珏山登山节

1 2
3

❶ 少儿蹦床（阳泉市体育局 供图）
❷ 三八妇女节女职工健身活动
❸ 阳泉市"庆祝中华人民共和国成立70周年喜迎二青会"全民健身季系列活动启动仪式

丰富群众身边的体育健身活动 | 93

风华满三晋——山西全民健身掠影

2012年大同市喜迎十八大庆祝九九重阳节老年人健身展示活动

风华满三晋——山西全民健身掠影

❶ 全省健身球操交流活动
（山西省老体协 供图）
❷ 2018全国青少年夏令营山西临汾站篮球项目在临汾开营（张莹超 摄）
❸ 吕梁市体育项目展示活动
（任秀霞 摄）

广场舞展示（代县体育运动管理中心　供图）

瑜伽展示(大同市体育局 供图)

2018年山西省跆拳道协会品势培训师等级认证暨品势大变身活动

2019年"展二青精彩 走美好未来"大同市环古城健步走活动

2018—2019 山西省群众冰雪运动推广普及活动启动仪式

104 | 风华满三晋——山西全民健身掠影

2018—2019 山西省群众冰雪运动

支持群众身边的体育健身赛事

发挥全省"马拉松赛事联盟""自行车赛事联盟"作用，在全省范围内年度开展太原国际马拉松赛、太原国际自行车公路多日赛等40—50场马拉松、自行车、山地越野赛事活动；鼓励支持各市县、各行业、各体育协会挖掘资源，打造一批具有地域特色和行业特点的全民健身品牌赛事活动，形成"一市（县）一品""一行（业）一品""一项（协会）一品"的体育赛事局面；广泛开展航空运动、航空旅游、航空娱乐休闲和航空科普教育活动，承办国际和全国航空运动比赛，全面提升我省体育比赛的影响力和知名度，形成充满活力的体育竞赛和消费市场。

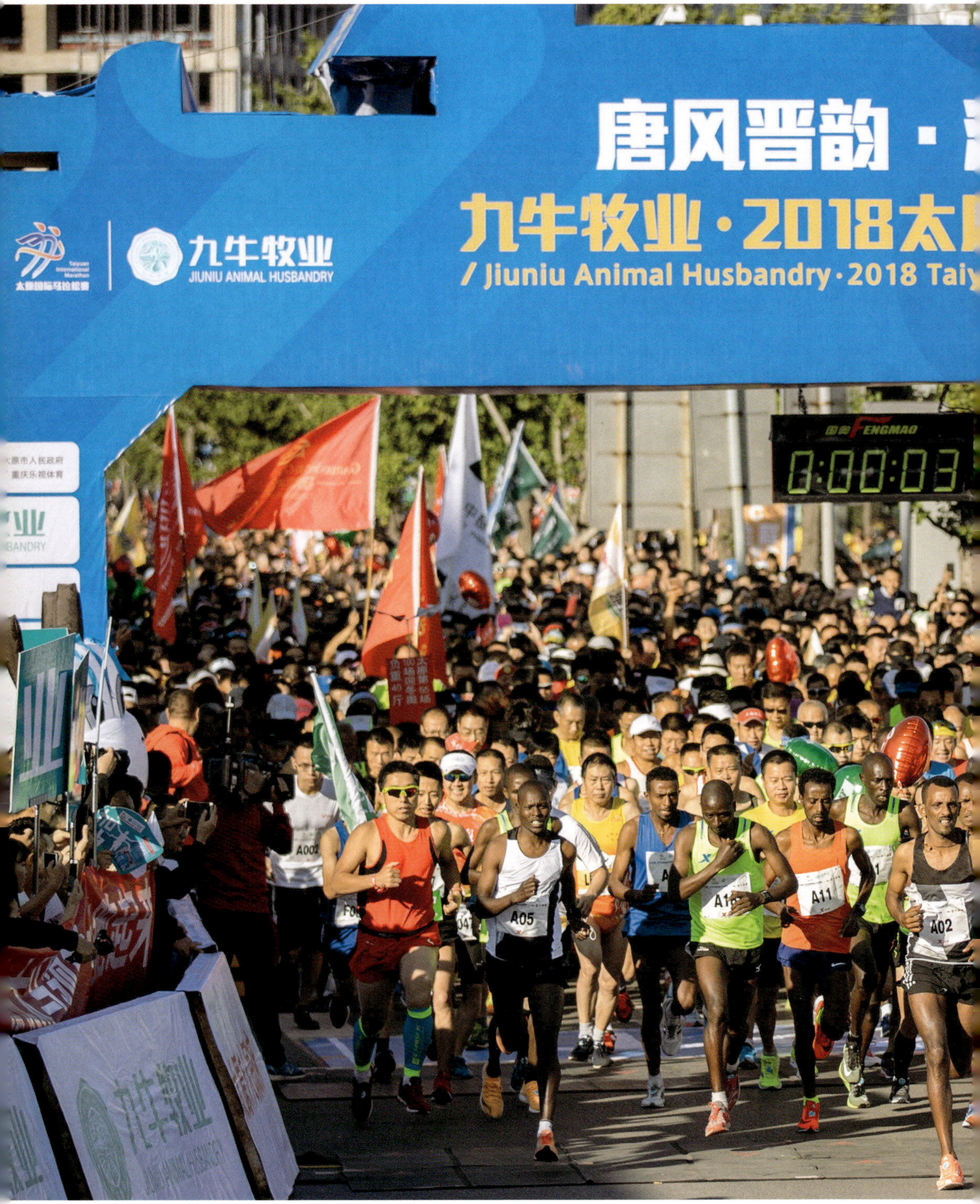
唐风晋韵 ·
九牛牧业·2018太
/ Jiuniu Animal Husbandry·2018 Tai
九牛牧业
JIUNIU ANIMAL HUSBANDRY
FENGMAO
0:00:03
A05
A11
A02

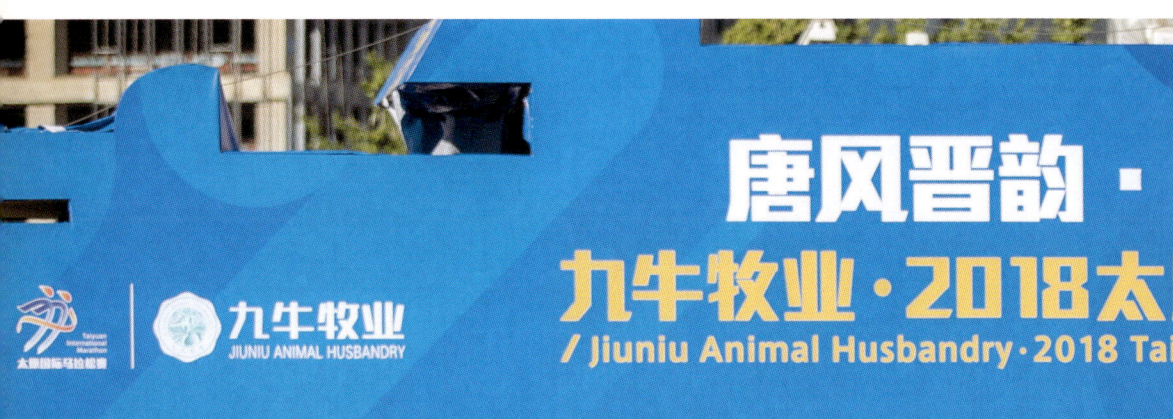

创办于 2010 年的太原马拉松于 2019 年正式升级成为国际田联（IAAF）金标赛事

2017年大同国际马拉松

2017 大同国际半程马拉松赛

2019 首届晋中国际马拉松赛

❶ 2019山西张壁古堡首届"介休农商杯"山地自行车公开赛（山西自行车联赛）
❷ 2018年中国公路自行车联赛第三站（大同·左云摩天岭长城杯）
❸ 中国·代县·雁门关国际骑游大会（代县体育运动管理中心 供图）

支持群众身边的体育健身赛事 | 115

潞城市花毽赛事

永济五老峰登山节竞速比赛

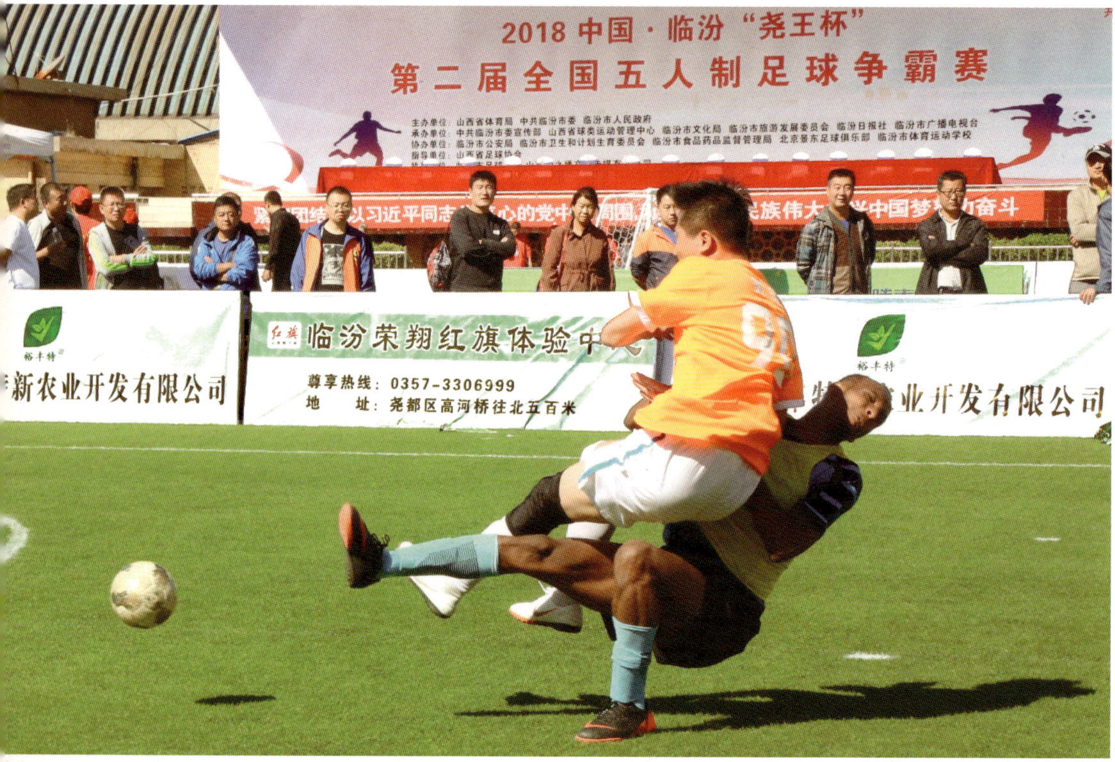
2018 中国·临汾"尧王杯"
第二届全国五人制足球争霸赛
尊享热线：0357-3306999
地　址：尧都区高河桥往北五百米

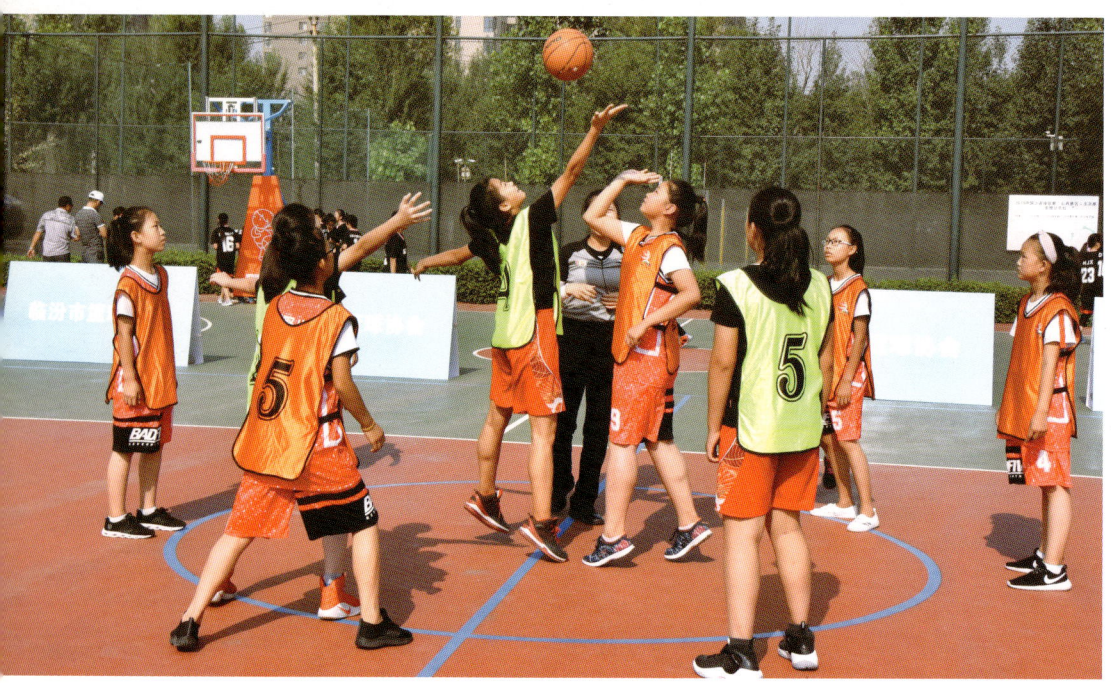

❶ 2018年10月1日,"2018年中国·临汾'尧王杯'第二届全国五人制足球争霸赛"在临汾开赛。(高阳 摄)

❷ 2018中国小篮球联赛 山西赛区总决赛 比赛掠影——"巾帼不让须眉"(王浩 摄)

❸ 青少年足球活动

2019年山西省学生跳绳联赛——表演赛展示

2018年阳泉市"城市春天市政杯"YBA篮球联赛

2018 新绛县东街逸夫小学棋王赛

第十三届全运会群众比赛项目柔力球预赛在晋中市举行

2018年7月在太原市航校山西省跳伞队赛前集训

始办于 2008 年的山西省跤王争霸赛

2017年山西省第十二届羽毛球友谊赛（张 志 摄）

2018年太原汾河龙舟公开赛在汾河水域举行
（太原市体育局 供图）

山西省第十五届省运会职工组拔河比赛

山西省第十一届残疾人运动会

5

加强群众身边的体育健身指导

加强社会体育指导员、群众体育骨干队伍建设，发挥其在全民健身活动中的组织与指导作用；组织开展健身项目下基层、体育技能推广提高、科学健身大讲堂等活动，传授健身技能，指导群众科学健身；推广《国家体育锻炼标准》，开展体质测定、健身咨询等科学健身服务，加强与卫健部门的合作，发挥体育锻炼在疾病防治和促进健康等方面的积极作用。

风华满三晋——山西全民健身掠影

❶ 奥运冠军张娟娟指导射箭爱好者
❷ 奥运会举重冠军张国政对武警战士进行专业指导
❸ 全运会摔跤冠军闫鹏飞与武警部队战士交流技艺

1 | 2

❶ 山西省体育局、山西省卫健委领导参加 2018 年健康中国行科学健身指导活动
❷ 山西省体科所工作人员为儿童进行体质测试

2017年晋中市体育馆对外开放乒乓球免费培训讲座

2018年山西省《国家体育锻炼标准》测试达标赛·太原站

140 | 风华满三晋——山西全民健身掠影

1 | 3
2

❶ 射击运动员王智伟指导业余体验者
❷ 山西省体育局、山西省卫健委共同组织一级社会体育指导员、健康生活方式指导员培训
❸ 2018年山西省全民健身技能培训下基层

山西省体育局、山西省卫健委共同开展"健康中国行 科学健身进机关"活动
图为山西省人大机关专场

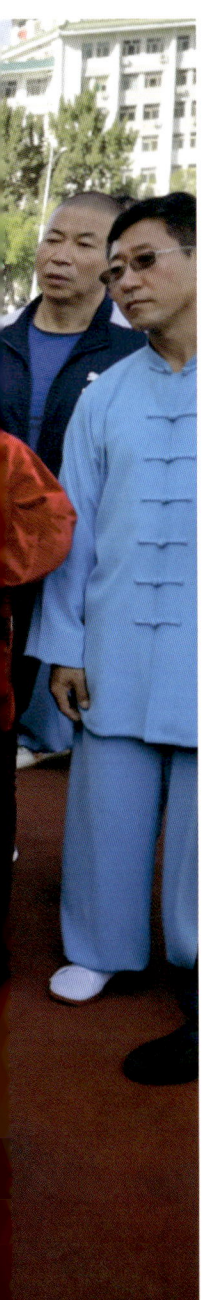

❶ 山西省武术协会八法五步教学

❷ 射击射箭项目推广培训

❸ 八法五步学员学习

1	3
2	

❶ 2018年山西省"全民健身与青运同行"柔力球培训下基层活动（运城站）暨运城市柔力球二级社会体育指导员培训

❷ 阳泉市体育中心为群众免费进行国民体质监测

❸ 2016年"科学健身 全民健康"全国运动健身科学指导系列活动太原站

风华满三晋——山西全民健身掠影

❶ 社会体育指导员指导群众开展健身活动（郭改平 摄）
❷ 临汾市第二小学的学生进行足球锻炼（张莹超 摄）
❸ 2019年5月27日，山西省可乐球培训在临汾市举行

弘扬群众身边的体育健身文化

充分利用电视、网络、报刊、新媒体等平台，通过线上线下融合方式，加大全省全民健身工作宣传力度，普及科学健身知识，推广科学健身理念，提升广大市民参与体育锻炼的意识，培育体育消费观念；积极支持形式多样的体育题材文艺创作，弘扬体育文化，支持主流媒体组织"山西体坛风云"评选，组织首届中国·太原体育电影展，引导体育正能量，吸引更多群众参与全民健身；山西体育博物馆自2015年2月开馆以来，宣传山西体育文化，传播奥林匹克精神，展示山西体育历史，保护体育文化遗产。

2015年中国体育文化·体育旅游博览会在山西成功举办

2015 中国体育文化·体育旅游博览会太原展区

2018 年 10 月在太原市航校开展航空科普活动

2015 中国体育文化·体育旅游博览会忻州展区（梁春霞 摄）

支持主流媒体组织开展 2018 年"山西体坛风云"评选活动

2018人民网"山西体坛风云"颁奖盛典现场

第四届中国晋中国际柔力球大赛境外参赛选手在平遥

忻州剧院
晚8:00演出2018年忻州市第八届"梨花奖"颁奖仪式暨展演剧目《挠羊汉》

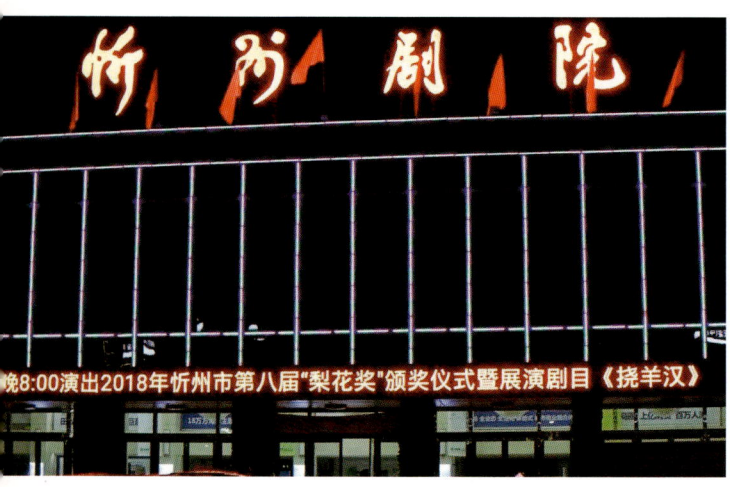

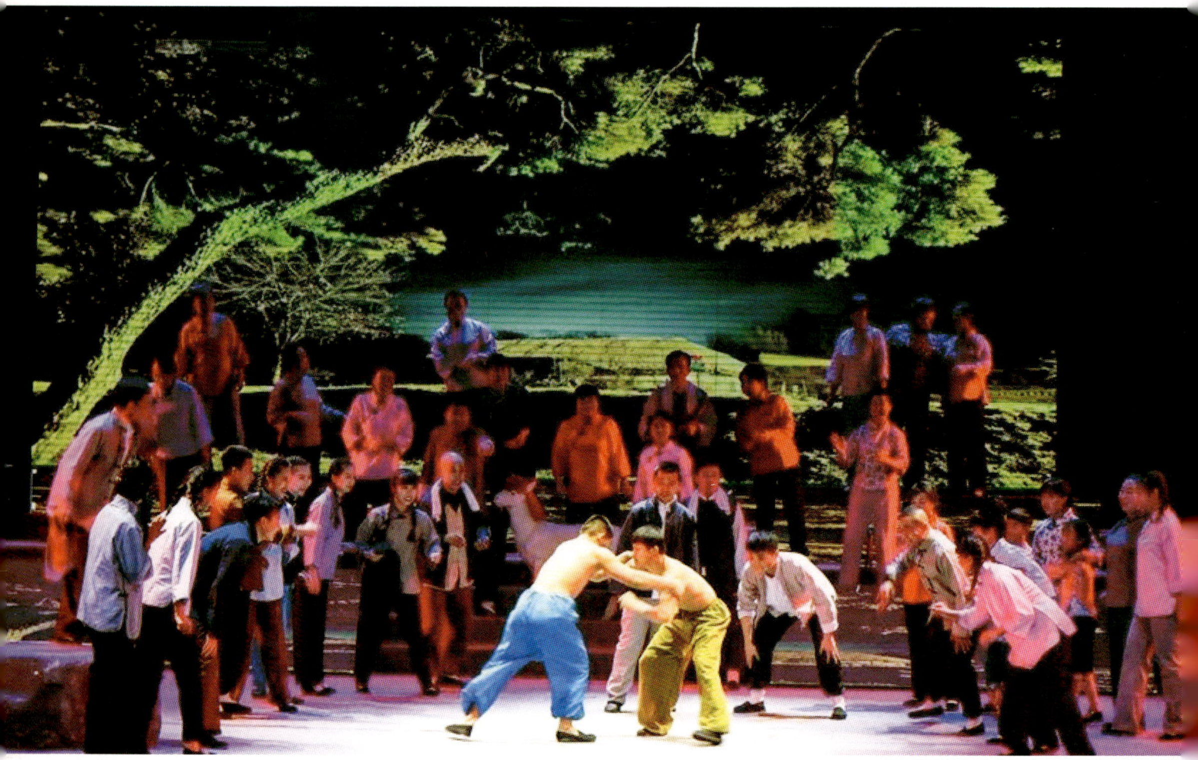

2018 中国体育旅游博览会
体育旅游精品赛事

山西晋城棋子山国际围棋文化节

国家体育总局体育文化发展中心
2018 年 12 月

晋城国际围棋文化节"棋圣"参赛中（聂卫平、林海峰）

中国围棋协会主席林建超将军为省体育博物馆捐赠书籍《围棋与文化》

浣花诗社成员参观山西省体育博物馆

山西省体育局领导及运动员代表为国防科技厅揭幕